AF348245

LA TRISTE ET LAMEN-
TABLE COMPLAINTE DV CAPI-
taine la Quinte, & de ses compagnons, iusticiez dans Paris, pour leurs estranges voleries,
le 15.iour du mois de May 1608.

A DOVAY, Iouxte la Copie imprimee à Paris.
Vidit & admisit G. C.
Potest vendi 8. Augusti anno 1608. F. Lucas.

LA TRISTE ET

lamentable complainte du Capitaine la Quinte, & de ses compagnons, iusticiez dans Paris pour leurs estranges voleries, le 1. iour du mois d'Aoust 1608.

'EST vn coup du Ciel, & vn iuste iugement de Dieu que les forfaicts qui ont demeuré long temps cachez, & qui sembloient n'auoir iamais esté, soient à la fin descouuerts, faics clairs à vn chacun, & leurs autheurs exemplairement punis. La iustice qui est l'image de ce Tout-puissant, non seulement le traicte cruellement, & leur precipite leurs iours pour leur faire en-

A 2   durer

durer en ce monde la peine de leur mef-
faict, mais auffi pour intimider ceux dont le
courage fe porteroit volontairement à telle
execrable malice : les vns s'y laiffent gliffer
trompez du diable, qui ne defire que de les
mettre au defefpoir, & les autres, pour quelque neceffité qu'ils auroient, à laquelle s'ils
eftoient confeillez de leurs bons Genies, ou
s'ils leur preftoient l'oreille, ils pourroient
remedier. Et comme ces miferables ont re-
gné quelque temps en leur peché, vn rien,
vn hazard, ce femble, les defcouure, qui les
conduit au fupplice, que le plus fouuent ils
prennent en gré, recognoiffant & s'accufant
publiquement de leur offenfe, comme en
l'hiftoire que ie vous veux reciter vous pour-
rez voir, laquelle eft memorable & eftrange
à ceux qui feruant Dieu de toutes leurs for-
ces, abhorrent le meurtre, le larcin, & la for-
cellerie.

Entre Orleans & Eftempes vn nommé le
Capitaine la Quinte, accompagné d'vn la
Plante, la Fleur, la Palice, la Vigne, la Ieu-
neffe, le Gafcon, & autres, efpicient fur le
grand chemin, ceux qui paffoient, pour leur
rauir les moyens qu'ils portoient, & encor
la vie. Il arriua donc vn iour qu'vn gentil-
homme, furnommé monfieur de Boumou-
rant,

rant, qui alloit voir quelque sien amy, auroit
esté attaqué par ces voleurs qui luy auroient
osté quelque peu d'argent qu'il auoit, l'auroient despoüillé, & pour n'estre par luy re-
cogneus en quelque lieu, & accusez, l'auroient poignardé, croyans luy auoir osté la
vie, & comme ils se retiroient, ayant com-
mis telle cruauté, vn d'entre eux, comme il
y en a tousiours de plus timides les vns que
les autres, les auroit conseillez de le mettre
dans le ventre de son cheual, leur remon-
strant que ceux, qui passeroient par là, ne
voyans qu'vn cheual mort ne s'arresteroient
pour voir que ce seroit, & que les loups &
corbeaux s'y estans acharnez les despeche-
roient bien tost, & que les parens ou amys
de ce Gentil-homme ne le trouuant point
croiroient qu'il auroit entrepris quelque long
voyage à leur desceu, ce qu'ils resolurent, &
à l'instant ouurant le ventre de ce cheual,
luy ayant arraché le foye, le cœur, & tous les
intestins, mirent ce pauure Gentil-homme
là dedans, qui n'estoit blessé à mort, qui re-
prit force par la chaleur qui restoit encor
dans le corps de son cheual, & qui receuoit de
l'air par le fondement de cest animal, auquel
ils ioignirent les deux peaux auec force ei-
guillettes, & l'esloignerent vn peu du che-

min,

min, croyans que ceste ruse en banniroit la verité, & receleroit secrettement leurs mesfaicts: Mais comme Dieu est tres-iuste, & qui ne veut laisser les choses impunies, ayant long temps enduré, & voyant qu'on ne s'amende point, fit que leur ruse ne leur seruit de rien,& qu'ils furent prins aussi tost, & dans vn rien exemplairement punis: car monsieur le Baron d'Haute ville qui alloit trouuer sa Maiesté pour quelque affaire d'importance passant par là, & comme de son naturel il se plaist fort à cheuaux & veut estre toussiours bien monté, ainsi que font tous braues Caualiers, Voyant ce cheual mort qui estoit encore frais, de belle taille & de beau poil, s'en approcha, & regrettant la perte qui estoit à son maistre, se prit garde qu'il estoit fendu dés le poitrail iusques au petit ventre, & qu'on auoit attaché & reioinct les deux peaux auec des esguillettes, se doutant que cela n'auoit esté faict qu'à quelque dessein, faict descendre vn sien page, car ses laquais estoient passez deuant qui n'en auoient faict aucun compte, lequel desnoüant les esguillettes & entre ouurant les deux peaux vit le pauure gentilhomme enseuely la dedans qui d'vne voix plaintiue s'escria tout haut: Hé! mon Dieu, mes amis, ayez pitié de moy, ie

n'en

n'en puis plus: Comme le Baron d'Haute-
ville vit cela il en fut grandement estonné,
& luy dit:Mon amy, qui t'a faict cela lors le
pauure blessé, s'asseurant qu'il n'estoit plus
entre les mains des volleurs, appellant monsieur d'Haute ville par son nom, luy dit, que
sept ou huict volleurs pensoient l'auoir tué,
& pour n'estre descouuerts l'auroient mis
comme cela dans le ventre de son cheual,
alors le Baron d'Haute-Ville qui le cognois-
soit & l'aimoit, le fit tirer de là & porter dans
Estempes où estant il le faict bien penser, &
apres auoir veu qu'il n'auoit aucune partie
noble offencee, se loge par fortune au mes-
me logis où s'estoient logez ces volleurs, les-
quels reuenans de la ville de faire peut estre
quelque larcin, se mettent à table auec ce
Baron pour soupper, & comme Monsieur le
Baron recogneust à leurs postures & discours
qu'ils auoient la façon de ne valoir rien, s'en-
quiert d'eux, d'où ils estoient, & dequoy ils
se mesloient, s'ils estoient gentils hommes ou
marchands, à quoy ils respondirent tous en
colere, qu'il n'auoit affaire de leur demander
cela, & que ce n'estoit à luy à qui ils en deuoient rendre compte, ce qui augmenta da-
uantage le soupçon qu'il auoit conceu de
leur mauuaise vie & la croyance qu'il auoit

que

que c'estoient ceux qui auoient volé &
meurtry monsieur de Boismourant, ce qui
l'occasionna d'ennoyer secrettement son page au Preuost, lequel auec ses Archers se sai-
sit du Capitaine la Quinte & de ses compli-
ces, vray est que deux ou trois se sauuerent
par les fenestres, mais on fit fermer les por-
tes de la ville où ils furent prins le lende-
main. La Quinte estant mené deuant le ma-
lade fust par luy aussi tost recogneu & accusé, & les autres volleurs. Alors monsieur le
Baron d'Haute-ville pria le Preuost de les
mener à Paris, ce qui fut faict, où estans dans
les cachots des prisons, ils ne demeurerent
long temps à estre examinez, & comme le
President commença a l'interroger, la Quinte luy dit, qu'il ne luy pouuoit rien respon-
dre, parce qu'il n'auoit pas encor disné, mais
que s'il plaisoit à monsieur le President, de
s'y en aller, que l'apres disnee il ne luy con-
fesseroit seulement le crime duquel il estoit
accusé, mais vn million d'autres, desquels il
estonneroit tous les assistans & que pour luy
il sçauoit bien qu'il estoit dans vne bonne
trappe, & que pour en sortir il luy faudroit
finir ses iours en quelque place publique,
pour seruir d'exemple, & que la mort n'estoit
bastante pour l'acquiter enuers Dieu de ses
male-

malefices. Ce que l'on fit, ne pouuant auoir
autre parolle de luy qu'apres le difné. Ces
Mefsieurs y retournans le firent venir à eux,
lefquels il fupplia d'y faire venir fes compagnons qui tefmoigneroient ce qu'il leur di-
roit, ce qu'on fit, & y eftant, il leur dit & con-
feffa, qu'eftant fort ieune il eftoit couppeur
de bourfe, qu'il fuyuoit les foires pour y
exercer fon meftier, qu'il auoit appris d'vne
forciere à charmer, & faire endormir tous
ceux qui eftoient dans vn logis, pour plus
facilement defrober ce qui eftoit dedans, &
que c'eftoit par le moyen d'vne chandelle
qu'il faifoit de graiffe de pendu, & de plufieurs mots barbares & incogneus qu'il pro-
feroit, & qu'eftans difpos il grimpoit fur mu-
railles, & entroit dans les maifons pour pil-
ler tout ce qui y eftoit, & qu'il auoit violé
deux ou trois Damoyfelles, & les auoit pris
par force, puis apres poignardees pour n'e-
ftre accufé. Que comme il fut en fes trente
ans il fe rendit Capitaine des voleurs, & que
plufieurs voleurs de plufieurs pays luy ve-
noient rendre compte vn certain iour de
l'annee dans Paris, chez vn marchand, qui
eftoit de leur manicle, & qu'ayant faict plufieurs meurtres & voleries, Dieu comme
tref-iufte auroit permis qu'il auroit efté def-

B

couuert

couuert par Monſieur de Boiſmourant, lequel il croioit auoir bien tué,& lequel il auoit
mis & couſu dans le ventre de ſon cheual,
pour rendre ce crime plus ſecret,ce que tous
les autres confeſſerent auec luy, & deman-
derent, puis qu'ils deuoient mourir, qu'on
les fiſt finir par quelque ſupplice où ils ne de-
meuraſſent long temps languiſſans, & ab-
bayans le treſpas, ce qui ne leur fut accordé:
car Meſſeigneurs les Iuges conſiderans l'in-
finité de leurs forfaicts , condamnerent le
Capitaine la Quinte a eſtre tenaillé, & puis
bruſlé, & ſes compagnons auſſi, ce qui fut le
15. iour du mois de May. La Quinte par tous
les lieux où l'on luy arrachoit quelques par-
ties de ſon corps auec tenailles ardentes,
crioit à haute voix, & faiſoit telles ou ſem-
blables remonſtrances: Meſſieurs, ne vous
eſtonnez point ſi l'on me faict ſouffrir tant
de douleurs, elles peuuent facilement eſtre
nombrees,mais non pas mes crimes qui ſont
infinis, & pourueu que le bon Dieu par ſa
ſaincte miſericorde ſe paye de la conſtance
dont ie ſuis armé pour ſupporter ces tour-
mens, ie ſeray encor trop heureux,ie l'ay of-
fenſé en mille & mille façons, mes amys, ie
vous crie mercy,& à ces ames à qui i'ay faict
quitter leurs corps , peut eſtre en mauuais
eſtat,

estat, mais la misericorde de Dieu est grande, & voire extreme, ie l'ay offensé plus que
personne du monde, & toutesfois i'espere
en luy: l'ay meurtry, i'ay tué, i'ay volé, i'ay
violé, & ay faict pact auec le diable pour
effectuer mes desseins execrables, ô mon
Dieu, vueillez doncques auoir pitié de moy,
puis que ie te crie mercy, & te demande pardon, ne regarde point mes iniquitez, car ie
me iugeray moy-mesme à la damnation per-
petuelle, mais exerce enuers moy ta dou-
ceur & clemence, que ton sang que tu as
versé sur la terre pour sauuer tes creatures
humaines me laue maintenant, & efface en
moy tant de forfaicts. Ses compagnons fai-
soient mesmes plaintes, regrets, & supplica-
tions,& n'estant plus entre les viuans, voyant
les preparatiues de leurs supplices, vn chacun peut recognoistre que tost ou tard le
meschant est puny, que Dieu void tout ce
qui se faict, & qui plus est, penetre les cœurs
& sçait leurs pensees. Ces pauures miserables
doiuent donner de la terreur à leurs sembla-
bles, & à ceux qui possedez d'vne mauuaise
volonté prennent le chemin d'vne mauuaise vie. Les peres & meres doiuent remedier
à cela par remonstrances, courroux & chasti-
mens,& sur tout leur mettre souuent deuant

les yeux l'excellent tableau de la crainéte de
Dieu: car le craignant il a foucy de nous, &
ne nous oublie point, comme il auoit oublié
ces pauures miferables, aufquels toutesfois
il a faiét vne grande grace que de leur auoir
donné le loifir de confeffer leurs fautes, &
pechez, & de luy demander pardon. Confi-
derez, ie vous prie, que les plus mefchans, &
miferables qui n'ont aucunement la crainéte
de Dieu, & qui l'ont du tout oublié, ne s'ad-
donnans qu'à toutes fortes de vices, font à la
fin grandement touchez d'vne viue poinéte
de confcience. Le pauure la Quinte ayant
long temps vefcu en voleur s'eft à la fin, &
fur l'heure de fon trefpas merueilleufement
recogneu, demandant, non feulement pardon à fon Createur, mais à toutes fortes de
perfonnes, il confeffoit à Dieu publiquement
toutes fes offenfes, il le prioit d'auoir pitié
& compaffion de luy, & fe reprefentant le
Chriftianifme, luy remonftroit fa mort &
paffion, luy difant qu'il luy pleuft fauuer fa
pauure ame, & la mettre en fon Royaume
celefte, puis qu'il eftoit defcendu ça bas, &
auoit fouffert des cruelles douleurs, & à la
fin le trefpas, generalement pour toutes les
creatures humaines. Puis demandant deuo-
tieufement pardon à fa Majefté, qui eft l'i-

mage

mage de Dieu, il le fupplioit de luy pardonner de ce qui eſtoit de ſon intereſt, auant
qu'il partiſt de ce monde, afin qu'il fut entre
les bien heureux. Il confeſſoit qu'il luy auoit
miſerablement & traiſtrement tué pluſieurs
hommes, & violé ſes loix. Tournant le viſa-
ge à Meſſieurs de la iuſtice, il les coniuroit
par Ieſus-Chriſt, qui eſt tres-iuſte, de luy
vouloir auſſi pardonner, & luy faire ſouffrir
vne mort plus cruelle que celle à laquelle il
eſtoit condamné, à fin que Dieu euſt pitié
de luy, & qu'il enduraſt la peine condigne à
ſes offences en ce monde & non en l'autre.
Il ſupplioit auſſi tous les gentils-hommes &
ſoldats qui eſtoient là preſens d'vſer de pardon à ſon endroict, ſi ayant porté les armes
il deroge au deuoir de ſoldat, & ſi au lieu
d'eſuertuer ſes armes pour le ſeruice de ſon
Roy il les auoit employees à tuer & meur-
trir miſerablement les paſſans, & ceux qui
rendoient ſeruice à ſa Majeſté. Bref, il prioit
& ſupplioit vn chacun des aſſiſtans de luy
vouloir pardonner, & prier ce Tout-puiſſant
de n'vſer de rigueur enuers ſa pauure ame,
mais de miſericorde, comme en l'autre monde, il fera pour eux ſi Dieu l'aſſiſte de ſa
ſaincte grace, exhortant ſes compagnons à
demander pardon à tout le monde, & à celuy
äuquel

auquel ils deuoient tout prefentement ten-
dre compte de leur miferable vie, & leur
donnoit courage tant qu'il luy eftoit poffible
à fupporter patiement leurs douleurs, & receuoir la mort, puis qu'ils auoient merité de
mourir cent mille fois, les fuppliant inftam-
ment que lors de la feparation de leurs corps
& de leurs ames, ils euffent fouuenance de la
mort & paffion de Iefus Chrift, ce qui ne leur
fut inutile: car ils firent telles fupplications à
vn chacun de les pardonner, & fur tout à
Dieu, que tout le peuple qui eftoit là prefent
ne fe pouuoit tenir de pleurer: on voyoit les
larmes fortir des yeux d'vn chacun, & prier le
Seigneur d'auoir pitié & compaffion de leurs
ames. Voilà vne conftance & refolution de
fouffrir la mort. Dieu leur a faict vne grande
grace qu'ils ne foient morts en leurs pechez.
C'eft vne belle preuue, ce qu'on ne doit re-
uoquer en doute que Dieu ne veut point
perdre fes humaines creatures, encor qu'elles foient hors de fa grace. Il les aduertit en
mille & mille façons, à fin qu'elles reuien-
nent à luy, & luy demander pardon, ces
pauures gens ont receu ce bien que d'auoir
peu auant que mourir confeffer leurs offences & receuoir abfolution, Dieu vueille a-
uoir pitié de leurs ames.

A V

AV LECTEVR.

LES plus belles choses qui soient en ce monde, & qui (grace à Dieu) regient autant que iamais, lesquelles toutefois nous sont enuoyees & donnees de là haut comme filles du Ciel, sont la paix & la iustice. il n'y a rien de plus beau que de voir vn chacun s'entr'aimer & de rer le bien l'vn de l'autre, & la sœur de ceste belle dame, sçauoir Iustice, qui rend à vn chacun ce qui luy appartient, & qui punit les mal faicteurs. Il n'y a chose qui represente tant Dieu ça bas que la Iustice, les Iuges, les Lieutenans, ce sont ceux qui luy doiuent aussi rendre compte des forfaicts qui sont cogneus & descouuerts: C'est pourquoy l'histoire que vous sortez de lire monstre que Dieu est seruy ça bas, & que la Iustice a lieu. Si tels crimes demeuroient impunis cela pourroit occasionner le tout-puissant de se venger generalement de nous & de nous punir nous mesmes, comme il a puny le peuple du Roy Dauid qui ne l'auoit prouoqué à ce courroux; ce sont des iugemens de Dieu desquels il ne se faut enquerir, mais luy rendre grace de ce que les meschans sont chastiez de leurs malefices.

www.ingramcontent.com/pod-product-compliance
Lightning Source LLC
LaVergne TN
LVHW010819180726
843502LV00009B/3432